La dignité de la procréation

LES ÉVÊQUES DE FRANCE

LA DIGNITÉ DE LA PROCRÉATION

Déclaration introduite par
MGR PIERRE D'ORNELLAS

Documents d'Église

BAYARD ÉDITIONS – MAME
LES ÉDITIONS DU CERF

Collection dirigée par le père
Olivier Ribadeau Dumas
secrétaire général
de la Conférence des évêques de France

Bayard Éditions
18, rue Barbès
92128 Montrouge cedex
ISBN 978-2-227-49590-6

Mame
15-27, rue Moussorgski
75018 Paris
ISBN 978-2-728-92692-3

Les Éditions du Cerf
www.editionsducerf.fr
24, rue des Tanneries
75013 Paris
ISBN : 978-2-204-13131-5

Reconnaître la dignité de la procréation et s'engager pour la fraternité

Les évêques de France offrent ici leur contribution au débat sur la régulation juridique des techniques d'assistance médicale à la procréation.

Ils cherchent à expliciter la dignité de la procréation, qui est indissociable de la dignité inviolable et inaliénable de tout être humain. Ils soulignent que la personne vulnérable est la pierre d'angle de l'éthique.

Les évêques de France se sont exprimés sur la fin de vie, en déclarant : « Oui à l'urgence de la fraternité [1] ! » Ils élargissent maintenant leur réflexion à toutes les étapes de l'existence. Dans

1. Déclaration du 22 mars 2018. www.eglise.catholique.fr

les pages qui suivent, ils écrivent : « **La fraternité est indissociable de la dignité : elle demande d'honorer la dignité des autres par la reconnaissance mutuelle et par la participation à la réflexion et à l'action, qui doivent, autant que possible, conditionner l'exercice de la solidarité.** » La fraternité fonde notre pacte social et politique.

Les évêques de France encouragent le dialogue grâce auquel les arguments éthiques sont présentés avec sérénité afin que la voie la meilleure soit cherchée par tous. Il s'agit en effet de promouvoir la fraternité qui nous rassemble tous dans le respect de la dignité de l'être humain et de la procréation.

La Déclaration *La dignité de la procréation* est le fruit d'un travail pour lequel plusieurs expertises ont été sollicitées. Elle a bénéficié des travaux des Départements d'Éthique biomédicale du Centre Sèvres et du Collège des Bernardins. Elle prend en compte sur les principes éthiques et juridiques fondamentaux du « modèle français de bioéthique », qui sont rappelés par le Conseil d'État. Elle est attentive à des expressions de citoyens formulées au cours des États généraux de la bioéthique.

Cette Déclaration rassemble les évêques de France qui ont tenu à la signer ensemble. Ils sont convaincus que la bioéthique fait plus que jamais appel à l'attention d'un regard posé sur la personne sexuée : regard sur son mystère, sur sa transcendance, sur ses liens par lesquels elle vient au monde, sur ses relations grâce auxquelles elle peut y vivre de manière vraiment humaine. De la qualité de ce regard dépend un juste usage de la technique, soucieux de ne porter atteinte ni à la dignité des êtres humains ni à la fraternité qui a vocation à les rassembler.

Pour entrer dans la lecture de cette Déclaration, une Synthèse (voir p. 96) est aussi proposée dans cet ouvrage. Elle est offerte pour entrer dans le dialogue.

Mgr PIERRE D'ORNELLAS,
Archevêque de Rennes
Responsable du Groupe de travail
sur la bioéthique au sein de la
Conférence des évêques de France.

LA DIGNITÉ DE LA PROCRÉATION

Déclaration

1. Donner la vie à un enfant est une expérience des plus fortes, une source d'émerveillement des plus profondes, une responsabilité des plus grandes. Les traditions bibliques considèrent les enfants comme un don et une bénédiction de Dieu. Elles commandent de les accueillir et de les respecter comme tels.

2. Héritière de ces traditions bibliques, l'Église catholique se doit de valoriser la dignité des enfants au regard de son étonnante et bouleversante affirmation de foi : Dieu lui-même s'est fait homme dans la chair d'un embryon humain devenu l'enfant appelé Jésus, porté et mis au monde par une femme, qui se nommait Marie. Grâce à cette foi, l'Église catholique pose avant tout un regard contemplatif sur chaque être

humain dont elle cherche à percevoir la profondeur et le mystère, à toutes les étapes de sa vie.

3. Aussi, l'Église catholique, avec d'autres, considère que le désir d'enfant, avec sa complexité et ses ambiguïtés, est un beau signe : signe que l'amour appelle au don libre de soi et au don de la vie. Elle se veut donc attentive à ce désir d'enfant ainsi qu'à la souffrance des personnes en attente d'enfant. Elle encourage l'accueil et le respect bienveillants des enfants, quelles que soient les techniques de procréation mobilisées pour leur venue au monde[1].

4. Pour remédier aux souffrances de l'infertilité de certains couples, les techniques d'assistance médicale à la procréation (AMP) se sont progressivement développées et banali-

---

1. Voir CONGRÉGATION POUR LA DOCTRINE DE LA FOI, Instruction *Dignitas personae*, 8 septembre 2008, n° 8 : « Par le simple fait qu'il existe, chaque être humain doit être pleinement respecté. En ce qui concerne la dignité, l'introduction de critères de discrimination, sur la base du développement biologique, psychologique, culturel ou de l'état de santé, est à exclure. »

sées. Elles ne guérissent pas l'infertilité. Elles connaissent un nouvel essor, en partie en raison du nombre croissant de couples confrontés à l'épreuve de l'infertilité. L'Église catholique estime nécessaire que soient amplifiés les investissements et les recherches qui visent à prévenir cette infertilité et à la guérir. Ces recherches, portant en particulier sur les effets des perturbateurs endocriniens et plus généralement de l'environnement, deviennent urgentes pour le bien des couples et de la société. Il est aussi important de réfléchir aux moyens qui permettraient aux femmes de conjuguer plus facilement vie professionnelle et maternité, notamment en ne laissant pas les seuls impératifs du travail retarder l'âge moyen où elles donnent naissance à leur premier enfant.

5. À l'occasion de la prochaine révision de la loi de bioéthique, des projets d'extension de ces techniques d'AMP aux couples de femmes et aux femmes seules ont été formulés et mis en débat. Des voix d'horizons divers se sont fait entendre pour dire leurs inquiétudes devant de

tels projets ou pour signaler les graves obstacles que ceux-ci contiennent. D'autres se sont exprimées durant les récents États généraux de la bioéthique[1].

6. En tant qu'évêques de France, nous souhaitons apporter notre contribution en écoutant les diverses situations de vie et les aspirations portées par les femmes concernées par ces projets. Sans ignorer la complexité des questions qu'ils suscitent, nous intervenons dans un esprit de *dialogue*[2] où les arguments sont présentés avec sérénité. Nous appelons au

---

1. Sur 6 353 participations sur Internet, 89,7 % ne sont « pas d'accord » avec l'affirmation « il faut ouvrir l'AMP (PMA) aux femmes seules et aux couples de femmes ».

2. Voir Mgr P. D'ORNELLAS (dir.), *Bioéthique. Questions pour un discernement*, Paris, Lethielleux/DDB, 2009, p. 10-11 : « Le dialogue va au-delà d'un échange d'opinions et d'un partage des savoirs. Il invite à écouter la parole d'autrui. Il engage à risquer sa propre parole. En définitive, il est le lieu où les paroles se confrontent respectueusement pour que jaillisse une parole neuve, enrichie de l'apport réfléchi des paroles dont elle procède. [...] Le dialogue ne peut faire l'économie d'une éthique de la discussion. Celle-ci traite chacun des participants sur un pied d'égalité, au sein d'un espace de liberté fondé sur

regard qui contemple la valeur insondable de chaque personne en sa dignité. Nous proposons un discernement éthique posé en raison en sachant que *l'homme passe infiniment l'homme*[1]. Poser un discernement éthique, c'est chercher à comprendre cet *homme*, c'est-à-dire la personne, dans son amplitude et sa profondeur, pour mieux découvrir avec elle ce qui est son vrai bien et ce qui est juste pour elle. Nous pensons donc que la bioéthique est fondamentalement une éthique de la personne dans ses deux dimensions inséparables : singulière et relationnelle. Le discernement est ici posé en considérant la capacité de la personne d'engendrer un autre être humain, égal en dignité dans le mystère de son existence libre et sociale. Aussi estimons-nous que la mise en œuvre concrète du respect de cet autre être humain est, en raison de son égale dignité, constitutive de la « fraternité » qui fonde notre pacte social

---

le respect des personnes. Mais elle ne suffit pas. Il y faut l'amour de la vérité, même quand elle est encore voilée. »

1. B. PASCAL, *Pensées*, Édition Brunschvicg, 434.

et politique[1]. Nous pensons enfin que ce respect vis-à-vis de la personne la plus vulnérable est la « pierre d'angle de l'éthique[2] ».

7. Notre contribution vise à approfondir la réflexion éthique qui est plus que jamais nécessaire aux débats législatifs. En voulant respecter les personnes et sans mettre en doute leurs capacités et leur générosité pour accueillir un enfant et pour l'éduquer, nous attirons l'attention sur l'importance symbolique de la loi civile et sur les nouvelles discriminations qu'elle peut provoquer sous prétexte d'en supprimer. Nous le savons bien, la société régresse quand elle crée d'injustes discriminations, en particulier envers les plus faibles, et quand elle ne cherche pas la manière la plus juste d'accompagner les souffrances de ses membres dans le plein respect de leur dignité. La loi relative à la bioé-

1. Selon le Conseil constitutionnel, « la fraternité est un principe à valeur constitutionnelle ». Voir Décision 2018-717/718 QPC du 6 juillet 2018. www.conseil-constitutionnel.fr

2. Mgr P. D'ORNELLAS, *Au cœur du débat bioéthique, dignité et vulnérabilité*, Paris, coll. « Documents épiscopat », n° 6, 2010, p. 11.

thique ne peut être élaborée ou révisée sans une réflexion éthique sur la personne humaine qui est sexuée et dont la capacité d'engendrement fonde l'avenir de toute société. Pour proposer notre réflexion, nous nous appuyons sur une conception de la personne encore largement partagée et nous prenons en compte les principes fondamentaux du droit relatif à la bioéthique rappelés par le Conseil d'État [1].

Nous commençons donc par expliciter la dignité de la procréation humaine (I). À cette lumière, nous discernons ensuite des risques d'instrumentalisation des enfants dès le processus de leur engendrement (II), puis les obstacles éthiques que rencontre le cas particulier de l'éventuelle ouverture juridique de l'AMP à toutes les femmes (III). L'ensemble de notre démarche est une invitation à la profondeur du regard sur la personne en société, à la considération de sa dignité inséparable de la frater-

1. Voir en particulier : CONSEIL D'ÉTAT, *Révision de la loi de bioéthique : quelles options pour demain ?*, Étude adoptée en assemblée générale le 28 juin 2018. www.conseil-etat.fr

nité. En effet, la procréation engage les relations les plus fondamentales que le droit, en raison des techniques d'AMP utilisées, a mission d'instituer. Il ne peut le faire que selon les exigences de la dignité et de la fraternité, qui convoquent toutes les relations sociales et politiques à l'hospitalité mutuelle et à la solidarité, en particulier pour l'accès au soin.

I

VALEUR ET NORME FONDAMENTALES DE LA PROCRÉATION

La dignité de la personne inclut la procréation

8. Le Conseil d'État rappelle que la « dignité » est placée « au frontispice » du cadre juridique de la bioéthique française et qu'elle a une « valeur constitutionnelle ». Il rappelle qu'« une conception particulière du corps humain » en « découle » et que « cette conception s'incarne dans les principes de respect, d'inviolabilité et d'extra-patrimonialité du corps, qui visent à protéger l'individu indépendamment même de sa volonté [1] ». Il précise qu'une certaine approche de la dignité permet d'y voir « un principe d'humanité transcendant

1. Conseil d'État, *Révision...*, 2018, p. 14.

chaque individu et qui ne peut jamais s'abdiquer[1] ».

9. Le Conseil d'État constate l'évolution de notre droit civil : « Ce n'est que progressivement que l'ensemble des attributs de la personne, que ce soit le corps, son image, sa réputation, ont fait l'objet d'une protection spécifique dans une conception moniste du rapport de l'être au corps considérant que l'enveloppe charnelle est indissociable de la personne, affirmant l'indivisibilité du corps et de l'esprit[2]. » Le Conseil d'État écrit encore : « La personne humaine, dans les contours qui sont ceux de son corps et de ses attributs juridiques les plus essentiels, est une et inviolable[3]. »

---

1. *Ibid.*, p. 32. Le concile Vatican II, qui a rassemblé quasiment tous les évêques catholiques du monde entre 1962 et 1965, affirme que « l'Église qui, en raison de sa charge et de sa compétence, ne se confond d'aucune manière avec la communauté politique et n'est liée à aucun système politique, est à la fois le signe et la sauvegarde du caractère transcendant de la personne humaine ». Voir *Constitution sur l'Église dans le monde d'aujourd'hui*, 7 décembre 1965, nº 76, § 2.

2. CONSEIL D'ÉTAT, *Révision...*, 2018, p. 36.

3. *Ibid.*, p. 78.

10. Le Conseil d'État dessine ainsi la figure originale du « modèle français de bioéthique » qui s'est construit à partir des premières lois de bioéthique en 1994 : « Leurs principes directeurs constituent encore aujourd'hui le socle du droit de la bioéthique[1]. » Ce modèle a des fondements éthiques qui protègent de toute atteinte à la dignité de la personne en son corps, en son psychisme et en ses liens. Il a vocation à éclairer d'autres nations car les êtres humains possèdent tous la même dignité, inaliénable et inviolable. Il induit une éthique du respect, en particulier chez les enfants, les plus faibles. Il se fonde en effet sur une éthique de la dignité inséparable d'une éthique de la fraternité « qui est garante du vivre ensemble dans une société marquée par de nombreuses fragilités individuelles et collectives[2] ».

---

1. *Ibid.*, p. 29. Le Conseil d'État écrit dans *Révision...*, 2018, p. 31 : « Ce cadre juridique, même s'il a été progressivement enrichi et ajusté, se caractérise par une remarquable stabilité de son esprit et dessine, depuis près de vingt-cinq ans, un modèle français de bioéthique. »

2. Voir CCNE, *Avis n° 121, fin de vie, autonomie de la personne, volonté de mourir*, 13 juin 2013, cité par le Conseil d'État, *Révision...*, 2018, p. 126.

La France cesserait son apport original sur la bioéthique si ces principes directeurs étaient bafoués en s'alignant sur le « moins-disant » éthique : elle tomberait alors dans un « piège redoutable [1] ». Effectivement, le progrès consiste

1. CONSEIL D'ÉTAT, *La révision des lois de bioéthique. Étude adoptée par l'assemblée générale plénière le 9 avril 2009*, Paris, La Documentation française, 2009, p. 104-105 : « Dans les années à venir, il se trouvera toujours un pays voisin de la France pour autoriser sur tel ou tel point particulier ce que la législation française interdit. Certains en tirent argument pour inviter le législateur à aligner la loi française sur les lois concurrentes, assumant le risque de surenchère vers le "moins disant" éthique. C'est un piège redoutable, parfois armé des meilleures intentions. Intentions inspirées par la justice sociale, par exemple en matière d'assistance à la procréation [...]. Sans méconnaître la portée de ces arguments, le Conseil d'État estime que, dans quelque domaine que ce soit, les limites imposées à l'effectivité de la loi nationale par l'existence de lois concurrentes dans d'autres pays, de même que les désordres ou les injustices apparentes que cette concurrence implique, appellent certainement à une coopération accrue au niveau international, et d'abord au niveau communautaire, mais ne sauraient justifier à eux seuls la mise en cause de la loi nationale. C'est encore plus vrai lorsque celle-ci repose sur des principes fondamentaux ancrés dans la tradition juridique issue de la Déclaration des Droits de l'Homme. »

à trouver les outils juridiques qui, à la lumière du discernement éthique, garantissent ce respect de la dignité en régulant avec justice l'usage des techniques biomédicales.

11. Avec le pape François, nous soutenons que « la vision globale de la bioéthique » part « de la conviction profonde de la dignité irrévocable de la personne humaine, comme Dieu l'aime, de la dignité de chaque personne, à chaque phase et condition de son existence[1] ».

---

1. Pape FRANÇOIS, Discours à l'Académie pontificale pour la Vie, 25 juin 2018. L'Église proclame la dignité de tout être humain ; elle la discerne tout autant par l'œuvre de la raison philosophique que par sa foi au Christ, Dieu fait homme, qui ouvre à la raison de lumineux et vastes horizons rationnels sur cette dignité. Le pape JEAN PAUL II, à la suite de bien d'autres, s'en est fait le héraut au long de ses 104 voyages à travers le monde. Il écrit dans sa première encyclique *Redemptor hominis*, 4 mars 1979, nº 11, § 3 et 14, § 4 : « Dans le Christ et par le Christ, l'homme a acquis une pleine conscience de sa dignité, de son élévation, de la valeur transcendante de l'humanité elle-même, du sens de son existence. [...] [L'Église] doit être consciente de tout ce qui semble contraire à l'effort visant à rendre "la vie humaine toujours plus humaine", afin que tout ce qui compose cette vie corresponde à la vraie dignité de l'homme. »

Nous considérons que l'être humain est une « totalité unifiée [1] » et que le développement authentique de la personne doit intégrer notamment ses dimensions corporelle, psychique, relationnelle et spirituelle [2].

12. Puisque le corps – qui est infiniment plus qu'un ensemble de cellules et d'organes – est considéré en référence et en lien à la dignité de la personne, cette dignité inclut la dignité de la procréation comprenant la fécondation et la gestation. En effet, la procréation humaine résulte d'une action corporelle qui, pour être un acte personnel, doit être posée de façon libre et responsable par des personnes.

---

1. Voir JEAN PAUL II, Exhortation *Familiaris consortio*, 22 novembre 1981, n° 11 : « Puisque l'homme est un esprit incarné, c'est-à-dire une âme qui s'exprime dans un corps et un corps animé par un esprit immortel, il est appelé à l'amour dans sa totalité unifiée. L'amour embrasse aussi le corps humain et le corps est rendu participant de l'amour spirituel. »

2. Voir BENOÎT XVI, Encyclique *Caritas in veritate*, 29 juin 2009, n° 11 : « [...] le développement authentique de l'homme concerne unitairement la totalité de la personne dans chacune de ses dimensions. »

13. Cette visée éthique est traduite juridiquement par l'article 16 du Code civil, issu des lois de 1994 relatives à la bioéthique : « La loi assure la primauté de la personne, interdit toute atteinte à la dignité de celle-ci et garantit le respect de l'être humain dès le commencement de sa vie. »

Comment préciser cette dignité de la procréation constitutive de la dignité de la personne ? Les trois sous-titres suivants indiquent des éléments de réponse ; leur formulation en « ne doit pas » signale la ligne éthique en-deçà de laquelle la dignité de la procréation est blessée.

La procréation ne doit pas s'apparenter à une fabrication ni à une marchandisation ni à une instrumentalisation

14. Comme l'indique le préfixe *pro*, la procréation est l'acte permettant l'advenue d'un nouvel être humain en faveur de lui-même. Y compris en sa genèse, l'être humain doit être traité comme une fin et jamais comme un simple moyen. En cela réside sa pleine dignité. Cela confère à la conception et à la gestation de tous les êtres

humains une dignité qui est garante de leur liberté avant même qu'elle ne s'exerce. En effet, la dignité fonde et protège la liberté comme le souligne le préambule de la Déclaration universelle des droits de l'Homme : « La reconnaissance de la dignité inhérente à tous les membres de la famille humaine et de leurs droits égaux et inaliénables constitue le fondement de la liberté, de la justice et de la paix dans le monde. »

15. C'est pourquoi, aucune volonté d'avoir un enfant ni aucune souffrance relative au désir d'enfant ne peuvent légitimer des procédés de fécondation et de gestation qui s'apparenteraient à une fabrication, une marchandisation ou une instrumentalisation d'un être humain au service d'autres êtres humains, ou encore au service de la science ou de la société.

La procréation ne doit pas s'affranchir d'une relation intégrant toutes les dimensions de la personne

16. « Nous sommes des êtres de relation » : voilà la seconde insistance des participants aux États généraux de la bioéthique, selon le rapport

qu'en fait le Comité Consultatif National d'Éthique[1]. La relation est constitutive de l'être humain dès le début de son existence. Elle lui est « essentielle[2] ». L'être humain n'est pas respecté s'il lui manque des relations authentiques qui, selon le pape François, dépassent le cadre juridique : « Sans le soutien adéquat d'une proximité humaine responsable, aucune régulation purement juridique et aucun secours technique ne pourront, à eux seuls, garantir des conditions et des contextes relationnels correspondant à la

1. CCNE, *Rapport de synthèse du CCNE*, juin 2018, p. 156.

2. Voir Benoît XVI, encyclique *Caritas in veritate*, 29 juin 2009, n° 54 ; voir n° 53 : « La créature humaine, qui est de nature spirituelle, se réalise dans les relations interpersonnelles. Plus elle les vit de manière authentique, plus son identité personnelle mûrit également. Ce n'est pas en s'isolant que l'homme se valorise lui-même, mais en se mettant en relation avec les autres et avec Dieu. L'importance de ces relations devient alors fondamentale. » Voir aussi Jean Paul II, encyclique *Fides et ratio*, 14 septembre 1998, n° 21 : « En réfléchissant sur sa condition, l'homme biblique a découvert qu'il ne pouvait pas se comprendre sinon comme un "être en relation". »

dignité de la personne[1]. » Ces relations se manifestent au plus haut point dans la procréation qui résulte de l'union de deux personnes intégrant toutes les dimensions de leur être.

17. Il est évident que toutes les techniques d'AMP n'ont pas le même impact sur les relations humaines. Cependant, comment la relation d'amour respecterait-elle pleinement la dignité de la procréation humaine si celle-ci n'impliquait plus les personnes dans l'ensemble de leurs dimensions physique, psychique, temporelle, sociale et spirituelle, mais si elle les fragmentait ? Comment la procréation humaine pourrait-elle rester un acte personnel si, dissociant déjà l'unité des personnes, elle se réduisait progressivement à un processus de fécondation manipulant, par le moyen d'une technique, des gamètes dissociés de leur origine personnelle ? Finalement, comment sera-t-il possible d'honorer et de respecter la dignité des personnes si la technique et ses corollaires de contrôles et

1. Pape FRANÇOIS, Discours à l'Académie pontificale pour la vie, 25 juin 2018.

de sélections s'établissaient au fondement de la génération de nouveaux êtres humains ?

18. Il est donc essentiel de traduire dans le droit et dans l'utilisation des techniques l'exigence éthique et anthropologique suivante : seules deux personnes de sexe différent peuvent engendrer une personne dans un acte personnel qui est de soi corporel. Cette exigence éthique intègre le respect dû à chaque enfant en lui accordant le droit de connaître ses « origines » personnelles de telle sorte qu'il puisse répondre à la question : « Qui a permis que je vienne au monde ? »

19. Au regard des évolutions et des extensions des techniques d'AMP, le principe éthique de naître *de* et *dans* la relation aimante d'un homme et d'une femme n'est donc pas la survivance d'un modèle naturel autrefois exclusif et qui pourrait désormais cohabiter avec d'autres, mais une exigence foncière de la dignité de la personne.

La procréation ne doit pas être l'objet d'une volonté à tout prix mais le fruit du désir d'accueillir

20. Le refus éthique de penser que la fabrication et l'instrumentalisation soient au fondement de la génération des êtres humains, conduit à distinguer, au sein même de l'expérience de l'attente de l'enfant, le désir et la volonté. Sans en analyser la différence, le Comité Consultatif National d'Éthique l'évoque en relevant que cette volonté peut même devenir une « contrainte » : « Certains pensent que ces désirs pourraient se transformer en vouloir, et, de proche en proche, en une contrainte qui s'exprimerait sous la forme “puisque c'est possible, il faut le faire” [1]. »

21. Le désir respecte l'altérité et la surprise de l'autre. Désirer un enfant, ce n'est pas l'enrôler dès sa conception à la satisfaction d'un besoin

1. CCNE, *Avis n° 126, Avis du CCNE sur les demandes sociétales de recours à l'assistance médicale à la procréation (AMP)*, 15 juin 2017, p. 19.

ou d'un projet parental, mais c'est être prêt à le mettre au monde dans un espace d'attentes qui ne l'enferment pas. Le désir d'accueillir diffère de la volonté d'avoir ou d'obtenir à toute force ou à tout prix. Le désir sait attendre et recevoir l'autre comme un don gratuit. Il ne se laisse pas prendre par la nécessité impérative du « maintenant » manifestée par une volonté fascinée par la technique. Il accompagne et soutient la volonté qui exprime alors une ferme disponibilité à accueillir.

22. L'expérience des couples qui ont recours aux techniques d'AMP témoigne parfois de la transition progressive du « désir d'accueillir » à la « volonté d'avoir à tout prix » dans une sorte « d'acharnement procréatif ». Il est difficile de maintenir l'ouverture et le temps du désir quand les possibilités techniques le transforment en volonté déterminée d'obtenir. Pour continuer à signifier l'attente et l'accueil de la venue d'une personne, la procréation humaine doit rester le fruit d'un désir et non l'objet d'une volonté d'avoir, envers et contre tout, un enfant. Celui-ci doit être reçu et respecté

comme une personne avec ses propres droits. Voilà un principe éthique « majeur[1] » ! Même si aucune institution ne soutient ouvertement un « droit à l'enfant[2] », l'extension de l'usage des techniques d'AMP pourrait y conduire en banalisant progressivement un « droit sur l'enfant ».

POUR UN ACCOMPAGNEMENT RESPECTUEUX DES PERSONNES EN SOUFFRANCE D'ATTENTE D'ENFANT

23. La souffrance d'un désir d'enfant ne doit pas être minimisée et ne peut être abordée par le

1. Le CCNE souligne « le droit de l'enfant » : « Une préoccupation éthique majeure doit être celle des droits de l'enfant. » Voir *Avis n° 126...*, p. 43.

2. À ce sujet, le Conseil d'État affirme : « Le droit à l'enfant n'existe pas. » Il précise : « L'invocation d'un "droit à l'enfant" est sans portée, une telle notion n'ayant pas de consistance juridique dès lors qu'un enfant est une personne, un sujet de droit, et qu'il ne saurait être envisagé comme l'objet du droit d'un tiers. » Voir *Révision...*, p. 18 et 50. Le CCNE dit la même chose dans son *Avis n° 126...*, p. 43.

seul palliatif des remédiations techniques. Avec d'autres, nous souhaitons que se développe un accompagnement qui, premièrement, soit respectueux des personnes, deuxièmement, sache les informer loyalement pour que leur décision soit prise en conscience de façon éclairée, et, troisièmement, porte le souci de la dignité de la procréation humaine. Sur ce chemin d'accompagnement, l'expérience montre que d'autres fécondités (adoption, engagements familiaux et sociaux) peuvent ouvrir un nouvel horizon qui, sans effacer vraiment toute souffrance, donne sens et beauté à l'existence.

II

PRINCIPAUX PROBLÈMES ÉTHIQUES DANS LES PRATIQUES ACTUELLES DE L'AMP

24. La loi actuelle encadre les techniques d'AMP en cherchant à calquer certaines structures fondamentales de la procréation humaine naturelle, en particulier en établissant une double lignée paternelle et maternelle[1]. C'est tout l'intérêt du modèle bioéthique français. Cependant, la mise en œuvre de ces techniques pose des problèmes éthiques dont la gravité diffère en fonction des types de dissociation qu'elles induisent : corporelle (fécondation hors corps), temporelle (congélation des embryons) et personnelle (intervention d'un tiers-donneur). Ces dissociations résultent de la dissociation première entre l'union des per-

1. Le CONSEIL D'ÉTAT le souligne dans *Révision...*, 2018, p. 47, 61 et 63. En cette dernière page, il est question de « mimétisme », voir *infra* n° 44, p. 67, n. 2.

sonnes et la procréation. Les trois principaux problèmes éthiques sont les suivants :

1. Le devenir des embryons surnuméraires et le pouvoir du « projet parental »

25. Les techniques de fécondation *in vitro* (FIV) conduisent, dans la plupart des cas, à produire des embryons humains qualifiés de « surnuméraires » puisqu'ils ne pourront être implantés lors de la première tentative. En effet, ces techniques veillent à implanter un ou deux embryons dans l'utérus afin d'éviter les risques de grossesse multiple. Nous avons déjà attiré l'attention sur les questions éthiques que soulève la production d'embryons humains « surnuméraires » qui sont congelés[1]. Dans l'état actuel du droit, leur devenir est suspendu au « projet parental » de ceux qui pourront décider de les implanter ultérieurement dans l'espoir de voir naître des enfants, ou de les

1. Voir Mgr P. d'Ornellas (dir.), *Bioéthique. Questions pour un discernement*, p. 47 et 88-91.

laisser détruire, ou de les remettre à des laboratoires de recherche, ou encore d'autoriser leur accueil par d'autres couples. Comment donner raison à un tel pouvoir du « projet parental » ? Comment en effet justifier que la dignité d'un embryon humain dépende arbitrairement du regard d'une ou de deux personnes ? C'est ainsi que dès son introduction, le concept juridique de « projet parental » a suscité beaucoup de doutes et de réprobations en raison de son pouvoir [1] comme de son imprécision.

26. En 1994, le Conseil constitutionnel [2], en réponse aux interrogations de parlementaires, a estimé que, pour les embryons humains *in vitro* (non implantés), « le principe du respect de tout être humain dès le commencement de sa vie ne leur était pas applicable ». Cette décision a été

1. C. Labrusse-Riou, « Projet parental, projet biomédical : la reconstitution des "droits de puissance" ? », dans *La Recherche sur l'embryon : qualifications et enjeux*. Numéro spécial de la Revue générale de droit médical, Bordeaux, Les Études hospitalières Éditions, 2000, p. 117-132.

2. Conseil constitutionnel, Décision n° 94-343/344 DC du 27 juillet 1994.

jugée « décevante[1] » par certains. Comment en effet est-il possible de légitimer éthiquement une telle exclusion quand la nature de l'embryon humain *in vitro* est identique à celle de l'embryon humain *in utero*, le même pouvant d'ailleurs passer immédiatement d'une situation à l'autre lors du transfert *in utero* ? Quelle logique juridique permet la suppression puis le recouvrement de la dignité du même embryon humain ?

2. Le recours à un tiers-donneur et l'anonymat du don

27. En cas de stérilité due aux gamètes d'un des conjoints, certaines techniques d'AMP autorisées actuellement pour un couple homme-femme utilisent l'apport de gamètes venant d'une tierce personne qui en fait le don : le tiers-donneur. Elles ont été mises en

1. Voir B. Mathieu, « Bioéthique : un juge constitutionnel réservé face aux défis de la science », *Revue française de droit administratif*, 1994, p. 1019.

œuvre selon le principe de l'anonymat, qui a été consacré par les lois de 1994 jusqu'à aujourd'hui. Le choix constant de ce principe est motivé par le souci de protéger les donneurs et de préserver l'intimité du couple de l'intrusion réelle ou symbolique du tiers-donneur et d'assurer ainsi, selon le Conseil d'État, un « juste équilibre[1] » entre les différents intérêts. Ce principe a été aménagé en offrant la possibilité de révéler seulement des informations sur le donneur de gamètes sans que celles-ci permettent de l'identifier. Même avec cette possibilité, l'anonymat est aujourd'hui fragilisé : le désir de connaître son « origine biologique » est avivé par l'usage croissant des tests génétiques qui permettent de plus en plus facilement aux per-

---

1. Voir Conseil d'État, Décision du 12 novembre 2015, Mme B..., Communiqué : « Le Conseil d'État en conclut que le législateur, en fixant la règle de l'anonymat du donneur de gamètes, n'a pas outrepassé la marge d'appréciation dont il dispose en vue d'assurer un juste équilibre entre les différents intérêts en présence, à savoir ceux du donneur et de sa famille, du couple receveur, de l'enfant issu du don de gamètes et de la famille de l'enfant ainsi conçu. »

sonnes issues de ces techniques d'AMP avec tiers-donneur de retrouver leur « géniteur anonyme ». Celui-ci, enfin connu, risque alors d'être soumis aux pressions de diverses demandes.

28. L'AMP avec tiers-donneur resté dans l'anonymat pose un problème éthique pour l'**enfant**. L'écoute des enfants et des adultes qui ont été conçus par AMP avec tiers-donneur et qui relatent leur souffrance de ne pas connaître la personne à l'origine de leur conception, conduit aujourd'hui à remettre en cause l'évidence initiale de ce principe. Il est de plus en plus question d'associer aux droits de la personne un droit à connaître ses « origines ». Ce droit n'est pas sans susciter des questionnements : quelles relations, avec tout ce qu'elles peuvent entraîner, sera-t-il possible d'instituer juridiquement entre ce tiers-donneur et l'enfant conçu grâce à ses gamètes ? Comment prévenir les conflits potentiels que ces nouvelles relations pourraient provoquer vis-à-vis de la famille de cet enfant ? De plus, même une information sur l'identité du géniteur ne semble pas de nature à compenser, pour l'enfant, la rupture qui est

introduite par le recours à des gamètes extérieurs, entre les différentes composantes biologique, psychique, sociale et spirituelle de la filiation.

29. L'AMP avec tiers-donneur n'est pas non plus sans problème éthique du côté des **couples**. L'expérience d'une majorité de couples montre que le désir d'engendrer un enfant est intrinsèquement lié au désir de « donner de soi », de « donner de sa personne » au conjoint et, ensemble, à l'enfant, en créant ainsi entre eux du lien charnel et biologique par ses propres gamètes. Engendrer, c'est laisser advenir un autre dans le don corporel, psychique et spirituel du « nous deux ». Les couples perçoivent sans doute cette valeur anthropologique du désir de « donner de soi » en établissant un lien charnel et biologique puisqu'ils recourent très peu[1] à l'accueil d'un embryon humain donné par un autre couple. L'interdit juridique du

1. Selon l'Agence de la biomédecine, en 2015, 27 enfants sont nés après 145 tentatives pour 1 528 embryons humains proposés à l'accueil sur un total de 221 538 embryons humains conservés. Ce chiffre ne s'explique pas uniquement par la contrainte de la procédure juridique.

double don de gamètes (féminins et masculins) ratifie cette valeur : la loi exige que l'enfant soit relié biologiquement à au moins l'un de ses parents, ce qui révèle l'importance de ce lien charnel préservé dans au moins l'une des branches maternelle ou paternelle.

30. L'AMP avec tiers-donneur apparaît aussi éthiquement problématique du côté du **donneur**. Donner des gamètes, qui sont des cellules germinales, n'est pas donner du sang ou un organe : contribuer à engendrer une nouvelle vie est radicalement différent de contribuer à prolonger une vie existante. L'expérience du lien et de la dette associée n'est pas du tout la même. Le recours au tiers-donneur pour une AMP instaure un lien ineffaçable, même si l'artifice juridique le masque par l'anonymat et par l'absence de toute obligation du tiers-donneur envers les enfants engendrés grâce à ses gamètes. Ce lien est tellement ineffaçable qu'il est juridiquement régulé : le nombre d'enfants engendrés par le tiers-donneur est limité en raison de la parenté symbolique et de la parenté génétique, mais aussi pour répondre à l'angoisse d'épouser un demi-frère ou une demi-sœur.

3. Les techniques de sélection associées à l'AMP et le développement de l'eugénisme libéral

31. L'utilisation de la technique postule indissociablement l'amélioration technique. La logique de « production d'embryons » est inséparable de l'extension du « contrôle qualité » par les techniques combinées de la génétique et de l'imagerie. En effet, si le principe du respect n'est pas applicable à l'embryon humain *in vitro* comme il l'est à l'embryon humain *in utero*, qu'est-ce qui empêche de produire suffisamment d'embryons *in vitro* pour les sélectionner toujours plus par une extension du diagnostic préimplantatoire (DPI) ? Avec ce diagnostic, il est possible de choisir le « meilleur » embryon humain selon des critères prédéterminés. On le voit, la tentation eugénique est forte et semblerait se banaliser en se normalisant par les techniques. L'exigence éthique de la fraternité, traduite dans le droit, devrait protéger de cette tentation. Avec le pape Benoît XVI, nous alertons sur « l'absolutisme de la technique » qui « subrepticement » conduit à

« une planification eugénique systématique des naissances[1] ». L'Église catholique n'est pas seule à avertir du développement de l'eugénisme que l'on peut qualifier de « libéral[2] » parce qu'il résulte de la conjonction de décisions individuelles et non pas d'une décision de l'État.

---

1. Voir Benoît XVI, encyclique *Caritas et veritate*, 29 juin 2009, n° 75.

2. Les États généraux de bioéthique ont permis à de nombreux citoyens d'exprimer leur crainte de l'eugénisme. Voir CCNE, *Rapport de synthèse*, p. 23, 34, 36, 42, 109, 114, 117, 152 ; à la p. 36, on y lit : « Le refus de l'eugénisme est un principe largement partagé, mais où commence l'eugénisme ? » Voir J. Habermas, *L'Avenir de la nature humaine : vers un eugénisme libéral ?*, Paris, Gallimard, 2002, 180 p ; J. Testart, *Faire des enfants demain*, Paris, Éd. du Seuil, 2014. Le Conseil d'État définit ainsi la différence entre l'eugénisme d'État et l'eugénisme libéral : « L'eugénisme peut être désigné comme l'ensemble des méthodes et pratiques visant à améliorer le patrimoine génétique de l'espèce humaine. Il peut être le fruit d'une politique délibérément menée par un État et contraire à la dignité humaine. Il peut aussi être le résultat collectif d'une somme de décisions individuelles convergentes prises par les futurs parents, dans une société où primerait la recherche de "l'enfant parfait", ou du moins indemne de nombreuses affections graves. » Voir *La révision...*, 2009, p. 40.

III

PRINCIPALES DIFFICULTÉS ÉTHIQUES DU PROJET D'« AMP POUR TOUTES LES FEMMES »

32. À ces considérations éthiques générales sur la procréation humaine et sur l'AMP, il est nécessaire d'ajouter quelques réflexions spécifiques sur le projet d'étendre l'accès aux techniques d'« AMP pour toutes les femmes ». La technique la plus souvent mobilisée pour le réaliser est d'abord l'insémination avec donneur (IAD), mais les autres techniques de fécondation *in vitro* (FIV) sont aussi envisagées (voir *infra* § 47). La mise en œuvre de ce projet, qui institutionnalise d'emblée l'absence de père biologique et social, doit s'affronter à au moins cinq obstacles éthiques qui interrogent les consciences. La résistance de ces obstacles éthiques dépend de la justesse avec laquelle les principes éthiques de la dignité et de la fraternité sont qualifiés et articulés.

« L'INTÉRÊT SUPÉRIEUR DE L'ENFANT » EXIGE UNE RÉFÉRENCE PATERNELLE

33. Si la procréation est bien l'acte de mettre au monde un enfant en faveur de lui-même et non pour satisfaire seulement un besoin de réalisation personnelle, si l'enfant est un don et non un dû, s'il est de plus reconnu comme vulnérable, le bien de l'enfant ne devrait-il pas être un argument éthique fondamental pour réguler les pratiques d'AMP ? Le droit international semble le ratifier en consacrant, sans la définir précisément, la notion juridique d'« intérêt supérieur de l'enfant [1] » dont, selon le Conseil

1. L'article 3 de la *Convention internationale des Droits de l'Enfant*, du 20 novembre 1989, ratifiée en 1990 par la France, et l'article 24, § 2 de la *Charte des droits fondamentaux de l'Union européenne*, du 7 décembre 2000, précisent : « [...] l'intérêt supérieur de l'enfant doit être une considération primordiale. » Cette notion de droit international – qui ne peut entrer dans trop de précisions sous peine d'établir un catalogue, ce qui ne permettrait pas de rencontrer toute situation concrète d'un enfant ou d'un groupe d'enfants – indique une éthique procédurale selon laquelle les décisions des juges ou des politiques devront avoir vérifié, au préalable de leurs décisions, comment est

d'État, la « primauté » est « incontestable[1] ». Comment dès lors pourrait-on se contenter d'instaurer seulement une sorte d'« équilibre » entre cet intérêt de l'enfant et celui des adultes ? Dans toute société, les plus forts sont tentés de discriminer les plus faibles. C'est pourquoi : « La qualité d'une société ou d'une civilisation se mesure au respect qu'elle manifeste envers les plus faibles de ses membres[2]. »

---

effectivement traité « l'intérêt supérieur de l'enfant », dans telle situation quand il s'agit des juges qui ont l'obligation de motiver chacune de leur décision, ou en général quand il s'agit de légiférer sur un projet de loi qui devra être étayé par une sérieuse étude d'impact.

1. En 2009, le Conseil d'État précisait : « S'il est certain que ce principe d'intérêt de l'enfant constitue un standard souple et, à certains égards imprécis, sa primauté n'en demeure pas moins incontestable lorsqu'il s'agit de se prononcer sur les conditions d'accès à l'assistance médicale à la procréation. » Voir *La révision...*, 2009, p. 36. Le Conseil d'État (en 1997) et la Cour de cassation (en 2005) ont déclaré que l'article 3 était d'application directe en droit français.

2. Document du Saint-Siège pour l'année internationale des personnes handicapées, 4 mars 1981, dans la *Documentation catholique*, nº 1807, 3 mai 1981, p. 429.

34. Dans la mesure où le principe de l'anonymat est maintenu, l'AMP pour un couple de femmes ou pour une femme seule efface dès le principe *(ab initio)* l'existence d'une lignée paternelle pour l'enfant ainsi conçu. Même si des enfants étaient capables d'adaptation grâce à leur plasticité psychique, comment estimer que cette suppression de la double généalogie est conforme à leur bien ? La suppression juridique de la référence à un père signifie aussi symboliquement qu'ils ne sont plus engendrés comme le fruit d'une relation (voir *supra* § 16-17).

35. Si les parlementaires décidaient d'institutionnaliser cette absence de père, comment les enfants et les adultes en souffrance de ne pas pouvoir se référer à leur « origine masculine » pourront-ils alors accéder à la connaissance de leur géniteur ? En effet, l'accès aux seules informations non-identifiantes ne leur permettra pas de construire une généalogie paternelle, sans compter que l'information relative à l'identité du géniteur ne suffirait pas, à elle seule, à restituer à l'enfant une lignée paternelle

au sens plénier du terme. Comment la société ou l'État pourront-ils justifier que leurs souffrances prévisibles n'ont pas mérité d'être prises en compte ? Comment admettre qu'il serait conforme à « l'intérêt supérieur de l'enfant » de le priver légalement de toute possibilité d'avoir un père ? En minimisant l'intérêt des enfants, voire en l'occultant, un pouvoir gravement injuste serait exercé sur eux. Pourrions-nous accepter collectivement cette injustice ?

36. L'institutionnalisation de l'absence paternelle conforterait socialement l'idée que la diminution des responsabilités du père, voire son éviction, n'est pas un problème anthropologique, psychologique et social. Or, le discernement éthique sur la dignité de l'engendrement postule la nécessité d'un père et d'une mère, dont le rôle n'est pas interchangeable. Ce que la raison discerne, l'expérience le confirme [1]. Le

1. Le CCNE, dans son *Avis nº 126*... à la p. 49, le dit clairement : « Le rôle d'un père, en interaction et coopération avec celui de la mère, est essentiel dans la construction de la personnalité de l'enfant et de son rapport à

droit international ne le consacre-t-il pas lorsqu'il proclame que tout enfant a « dans la mesure du possible, le droit de connaître ses

---

la diversité de la société, dont l'altérité masculin-féminin. [...] Alors que la société considère que l'absence de père est un préjudice qu'elle tente, dans certaines circonstances, de pallier, au moins financièrement, et alors que l'on s'inquiète de l'augmentation du nombre des familles monoparentales, il paraît paradoxal d'institutionnaliser, d'organiser en toute connaissance de cause des naissances sans père. » Les citoyens sont nombreux à avoir dit la même chose lors des États généraux de la bioéthique ; voir CCNE, *Rapport de synthèse*, p. 107 : « Beaucoup d'arguments se concentrent par ailleurs sur les angoisses, critiques et dangers d'une procréation sans père mettant en avant le besoin, le droit pour l'enfant d'avoir un père. L'ouverture de l'AMP créerait ainsi des inégalités entre les enfants selon qu'ils auront ou non un père. » En plus, deux sondages qui ont posé directement la question sur le père, indiquent ceci : d'une part, 77 % des Français estiment que « l'État doit garantir aux enfants conçus grâce à l'assistance médicale à la procréation (AMP) le droit d'avoir un père et une mère », selon un sondage *Opinionway* du 26 juin 2017 ; d'autre part, 93 % accréditent l'idée que « les pères ont un rôle essentiel pour les enfants » et 89 % pensent que « l'absence de père, c'est quelque chose qui marque toute la vie », selon un sondage IFOP publié par *La Croix* du 15 juin 2018.

parents et d'être élevé par eux[1] » ? Nous estimons que la double généalogie paternelle et maternelle est constitutive de l'espèce humaine dont le Conseil d'État signale, dans un autre contexte, qu'il est risqué de modifier les règles sous prétexte de remédier à ses supposées « imperfections[2] ».

37. Institutionnaliser l'absence de père poserait donc un problème éthique lourd de conséquences. Cela bouleverserait l'anthropologie en conduisant l'homme à devenir un simple fournisseur de matériaux génétiques et en contribuant à transformer la procréation humaine en une forme de fabrication. Cela atteindrait le juste bien de l'enfant et l'institution de la filiation en supprimant la double généalogie. Sommes-nous tous certains que l'État ne toucherait pas à l'inté-

1. *Convention internationale des droits de l'enfant*, art. 7, § 1. Là aussi, le Conseil d'État (en 2009) et la Cour de cassation (en 2006) ont déclaré que l'article 7 était d'application directe en droit français.

2. Imperfections qui, selon le CONSEIL D'ÉTAT, sont « inhérentes » à l'espèce humaine, dans *Révision...*, 2018, p. 190. À la p. 191, il évoque « les vulnérabilités inhérentes à la condition humaine ».

grité de l'enfant en légalisant la suppression de sa généalogie paternelle ? En 1988, le Conseil d'État a qualifié cette suppression d'« amputation » et l'a fortement condamnée : « La procréation médicalement assistée à la demande d'une femme célibataire permettrait au contraire à celle-ci de faire naître, à sa guise, un orphelin de père, dont la parenté se réduit à une seule ligne. [...] Il paraît excessif de donner à une personne la puissance extrême d'imposer à une autre l'amputation de la moitié de son ascendance [1]. »

38. L'AMP pour les femmes seules risque d'aggraver les difficultés psychologiques et sociales, ainsi que le rapportent les enquêtes sur les familles monoparentales, dont le Comité Consultatif National d'Éthique fait mention [2].

---

1. Conseil d'État, *Sciences de la vie. De l'éthique au droit*, Paris, La Documentation française, 1988, p. 58. L'expression « orphelin de père » n'est pas appropriée : un orphelin a eu un père qui a disparu. Ici, il s'agit de faire naître sans référence à un père.

2. Voir *Avis n° 126...*, p. 28 : « Dans la situation des femmes seules, l'absence de couple s'ajoute à l'absence de père, et les études s'accordent à souligner la plus grande vulnérabilité des familles monoparentales. »

39. Il semble évident que l'intérêt de l'enfant est d'avoir un père vivant. Si certains enfants sont privés de cette possibilité par les aléas de la vie, comment la loi pourrait-elle s'autoriser à organiser cette privation ? Cette institutionnalisation de l'absence de père légitimera nécessairement l'AMP *post-mortem* : en effet, si une femme seule peut juridiquement être inséminée des gamètes d'un inconnu pour concevoir un enfant ainsi privé de lignée paternelle, comment la loi refuserait-elle qu'une autre femme seule soit inséminée par les gamètes de son conjoint défunt pour concevoir un enfant qui, lui, serait inscrit dans la généalogie d'un père, fût-il décédé ? « L'intérêt supérieur de l'enfant » pourrait-il alors résider dans le fait d'être conçu dans un contexte de deuil ? Est-ce le bien de l'enfant de le faire naître orphelin de père ? Rien ne le justifierait, même si le père était psychologiquement « vivant » dans la mémoire de la veuve qui considérerait l'enfant comme une sorte de victoire sur la mort. Comment est-il possible d'estimer que c'est un bien pour un enfant de devoir être, dès sa conception, le prolongement fantasmé de la présence du conjoint,

même si celui-ci avait donné son accord de son vivant ? Ne risque-t-il pas d'être ainsi instrumentalisé ?

LE RISQUE DE MARCHANDISATION

40. Si l'« AMP pour toutes les femmes » était légalisée, le besoin de sperme augmenterait dans un contexte déjà marqué par une pénurie. Comme l'indique le Comité Consultatif National d'Éthique, cette demande croissante de sperme menacerait le principe de gratuité des éléments du corps, ce qui « fait courir le risque d'une déstabilisation de tout le système bioéthique français [1] ». En effet, pour augmenter les dons de sperme, la première tentation serait de vouloir rémunérer ceux qui font un tel don, ce qui, d'ailleurs, ne serait plus un « don ». La seconde tentation serait que l'État prenne lui-même en charge l'achat de sperme à l'étranger. Pourrions-nous vouloir que la procréation humaine entre ainsi dans la sphère marchande ? Étant donné le principe de dignité,

1. CCNE, *Avis nº 126...*, p. 27.

caractéristique du modèle bioéthique français, un consensus existe pour défendre le principe de gratuité[1] : aucun élément de la personne humaine ne peut être considéré comme un bien marchand. Mais alors, comment voter ou accepter une loi qui est assurée de son ineffectivité puisqu'il manquera de sperme ? Si elle est votée, les parlementaires ne seront-ils pas poussés à organiser les conditions de la suppression du principe de gratuité afin de la rendre effective, grâce à un apport suffisant de sperme assuré par la rémunération des don-

1. Voir CCNE, *Rapport de synthèse :* « La gratuité du don est un élément consensuel qui a été défendu comme l'un des piliers fondamentaux de notre législation en la matière » (p. 109). « La plupart des arguments sont en faveur du maintien de la gratuité du don de gamètes à l'image de tous les dons d'organes ou de produits humains. Ils réaffirment le principe selon lequel le corps humain n'est pas un objet de marchandisation et de trafics » (p. 112). « Toutes [les associations] insistent sur la nécessité de garantir la gratuité du don, même si une revalorisation de la compensation pourrait être envisagée » (p. 119). En conclusion, on lit : « La réaffirmation de la gratuité du don de gamètes, et plus largement le refus de la marchandisation du corps humain, sont également exprimés avec force » (p. 125 et 152).

neurs ou par l'achat à l'étranger ? Si en raison du principe de dignité de la personne en son corps, le principe de gratuité était heureusement maintenu, il serait gravement contradictoire du point de vue éthique que l'État organise l'achat de sperme à l'étranger[1]. Or le principe de gratuité découle d'une vision éthique fondamentale : la personne – pas plus qu'aucun de ses éléments corporels – ne peut faire l'objet d'une marchandisation ; elle existe pour elle-même ! De plus, les gamètes, qui sont des cellules germinales, ne sont pas des éléments du corps comme les autres : avec ces cellules est engagée la vie d'un autre être humain qui est à recevoir comme un don. La vente et l'achat de gamètes voudraient dire que l'enfant ainsi conçu a eu un

1. Voir CCNE, *Avis n° 126...*, p. 50 : « Nous avons aussi observé l'expérience des pays étrangers qui pratiquent la gratuité du don. La Belgique, qui a ouvert l'IAD aux couples de femmes et aux femmes seules, est contrainte d'acheter 90 % du sperme sur catalogue au Danemark. Et les dons de sperme ont baissé radicalement lorsque le Canada a introduit la gratuité. » Voir aussi l'annexe 6 de cet *Avis n° 126* : « Insuffisance des dons de spermes », p. 69-70.

prix marchand, ce qui est impossible puisque, comme toute personne, il existe pour lui-même ! Il n'a pas de prix, sa dignité est inaliénable !

41. Si le principe éthique de gratuité était écorné (ce qui reviendrait à l'abandonner) afin de faciliter l'obtention de sperme pour les femmes voulant bénéficier de l'AMP, il est à craindre que cela accroisse la tentation eugénique de lier la rémunération ou l'achat aux qualités du donneur [1]. On sait que cet achat est déjà possible par internet et induit une pratique eugéniste [2]. Si le principe de gratuité est

---

1. Le CONSEIL D'ÉTAT est lucide sur ce risque. Voir *Révision...*, 2018, p. 66 : « Il ne paraît en effet pas souhaitable d'admettre le développement d'un marché de produits du corps humain, d'autant que, compte tenu des enjeux de transmission génétique, une logique de marché en matière de gamètes est susceptible d'induire rapidement des effets pervers, la qualité supposée du donneur influençant la rémunération et suscitant des pratiques de sélection peu conformes aux principes éthiques. »

2. Le Conseil d'État rappelle que du sperme peut déjà « être acheté dans des banques de sperme étrangères », « par exemple en passant une commande en ligne sur le site d'une banque de sperme danoise. Voir www.dk.cryosinternational.com ». In *Révision...*, 2018,

maintenu, même si les contrôles sont stricts, les stratégies « coupe-file » officieuses pour devenir prioritaire sur la liste d'attente risquent de se répandre, par exemple en faisant une demande accompagnée d'un tiers-donneur choisi.

L'IMPACT DE LA TRANSFORMATION DE LA MISSION DE LA MÉDECINE

42. L'institutionnalisation de l'« AMP pour toutes les femmes » contribuerait à transformer le rôle de la médecine en y intégrant la prise en compte de demandes sociétales. Dans l'*Avis n*° *126* du Comité Consultatif National d'Éthique, les onze membres qui ont exprimé une « position divergente[1] » ont argumenté

p. 49. À la p. 98, n. 216, il précise : « Ce n'est pas un fantasme : certains sites internet étrangers proposent l'achat de paillette de spermes en rentrant des critères et leur prix varie en fonction des possibilités de profilage. »

1. CCNE, *Avis n*° *126*..., p. 49-51. Voir aussi le manifeste « Nous voulons rappeler le rôle de la médecine » signé par 1 760 médecins ; dans www.lemanifestedesmedecins.fr. Voir aussi « PMA : lettre ouverte au président de l'Ordre », *Le Quotidien du Médecin*, 3 septembre 2018, p. 57.

en faveur du maintien de la mission de la médecine consistant à remédier à des pathologies : premièrement, « la médecine est déjà confrontée à des défis qu'elle a du mal à relever » et il va falloir les étendre ; deuxièmement, « les moyens humains comme financiers n'étant pas extensibles », ils devraient être « concentrés sur la réponse aux situations pathologiques et la réduction des inégalités de santé » ; troisièmement, « que deviendrait cette relation [médicale] si les praticiens se trouvaient éloignés de leur mission première, l'acte thérapeutique, pour répondre à des demandes sociétales ? »

43. Il serait dès lors impossible de donner la priorité d'accès aux couples souffrant d'une pathologie. Ainsi, la seule évaluation subjective de la souffrance risque de renverser les systèmes de priorités basés sur des facteurs objectifs liés à des pathologies constatées, comme c'est le cas par exemple pour le don d'organe. Dans cette situation, sur quels critères fonder la justice relative à la solidarité et à l'égalité de tous devant le soin ? Et que voudra dire soigner ?

Tous les désirs insatisfaits ne pourront-ils pas convoquer la médecine ? Comment les réguler objectivement en toute justice ?

DES CONSÉQUENCES PRÉVISIBLES DE LA PRÉPONDÉRANCE DU « PROJET PARENTAL »

44. Dans le cas de l'ouverture de l'« AMP pour toutes les femmes », le « projet parental » deviendrait le critère supérieur pour l'application de cette technique [1]. Quelle valeur éthique traduit ce « projet parental » si ce n'est le poids prépondérant donné à la volonté individuelle au détriment de toute référence à la procréation humaine et à sa dignité ? D'un côté, la volonté individuelle, pourtant

1. Le CONSEIL D'ÉTAT a relevé ce « changement de logique », in *Révision...*, 2018, p. 14 : Actuellement, « le dispositif est organisé de telle manière que la naissance de l'enfant ne trahisse pas le secret de sa conception et paraisse ne rien devoir à la technique. À cette aune, l'ouverture aux couples de femmes et aux femmes seules induirait donc un changement de logique, en supprimant la condition d'existence d'une pathologie au profit d'un projet parental quelle que soit sa nature. »

« fragile[1] » comme le montre l'expérience, est privilégiée en raison de l'autonomie revendiquée. D'un autre côté, le corps voit sa valeur diminuer en raison de cette prépondérance de la volonté individuelle, jusqu'à le dissocier de la personne. Il s'agit d'un vrai changement de « philosophie[2] ». Mais alors, sans référence objective au corps et à sa capacité de procréation, comment encadrer sans discriminations

1. Déjà en 2010, les parlementaires furent dubitatifs sur ce changement : « Cela conduirait à envisager qu'un enfant puisse avoir légalement deux parents du même sexe et de faire reposer une partie de la filiation sur le critère, par nature plus fragile, de la volonté, ce qui constituerait une mutation profonde du droit de la famille. Plusieurs personnes entendues par la mission ont fait part de leurs interrogations sur ce point, au regard notamment de l'intérêt de l'enfant », dans le Rapport d'information nº 2235, *Favoriser le progrès médical. Respecter la dignité humaine*, p. 53.

2. Voir CONSEIL D'ÉTAT, *Révision...*, 2018, p. 63 : « Cette solution, qui fait coexister deux modes d'établissement de la filiation distincts traduit deux philosophies différentes selon que le couple ayant recours au don est de même sexe ou non, la première reposant sur le rôle accru de la volonté, la seconde sur le mimétisme avec la procréation charnelle. »

les volontés individuelles de personnes qui se mettent d'accord pour avoir un enfant? Puisque la loi actuelle autorise l'évaluation par le médecin de « l'intérêt de l'enfant à naître[1] » pour qu'un couple homme-femme puisse accéder à une technique d'AMP, quels seront les critères d'évaluation du bien de l'enfant à naître? Si la loi suivait la recommandation du Conseil d'État[2] d'instituer une déclaration anticipée de filiation auprès d'un notaire, quels critères ce dernier pourrait-il invoquer pour évaluer l'« intérêt de l'enfant à naître »?

45. De plus, la seule référence au « projet parental » conduirait à supprimer la règle juridique actuelle empêchant le double don (spermatozoïdes et ovocytes), qui a été établie pour assurer au moins une filiation biologique (voir *supra* § 29). Si cette suppression était votée et

1. L'art. L. 2141-10 du *Code de la Santé Publique*.

2. Le CONSEIL D'ÉTAT a imaginé comme moins mauvaise solution juridique que ces volontés du couple de femmes exprimeraient devant le notaire leur « projet parental » antérieurement à la mise en œuvre de l'AMP. Voir *Révision...*, 2018, p. 62-63.

promulguée, alors l'enfant n'aurait plus aucun lien biologique avec ses parents, tout en étant conçu selon leur projet. À la différence de l'accueil d'embryons humains donnés par un autre couple, ces embryons humains pourraient être produits en choisissant des caractéristiques attendues chez deux donateurs, homme et femme. Par là aussi, la mentalité eugéniste risque de se répandre.

46. Enfin, la référence unique au « projet parental » obligerait à accepter les demandes de FIV et de diagnostic pré-implantatoire (DPI) associé faites par des couples potentiellement fertiles et ne présentant pas de risque de transmettre une maladie d'une particulière gravité[1]. Le Conseil d'État envisage ces possibles nouvelles demandes : « Actuellement, les inconvénients, liés au caractère éprouvant de la technique de FIV et à ses risques, l'emportent sur les avantages mais, à terme, certains couples

1. Actuellement, le DPI n'est autorisé que si le risque de transmettre une maladie d'une particulière gravité est avéré. Voir *Code de la Santé Publique*, art. L2141-2 et art. R2131-23.

pourraient considérer que les progrès effectués en matière de DPI rendent cette technique comparativement moins aléatoire qu'une procréation charnelle[1]. » Une telle utilisation du DPI risque de banaliser encore plus largement l'eugénisme libéral (voir *supra* § 31). Mais quels seraient les critères pour la refuser ? En effet, qu'est-ce qui justifierait que le « projet parental » donnant accès à l'AMP dans le cas de femmes non stériles, vivant seules ou en couple, soit refusé aux femmes non stériles vivant avec un homme au motif de leur « capacité naturelle » à procréer et de l'absence d'une pathologie ? Comment pourra-t-on supprimer un argument jugé « naturaliste » pour justifier l'ouverture de l'« AMP pour toutes les femmes », et le réintroduire aussitôt pour s'opposer aux demandes des couples aptes à procréer sans l'usage de techniques ? Ne serait-ce pas alors une pratique discriminatoire ?

47. La prédominance du « projet parental » pourrait aussi conduire à autoriser la demande

1. CONSEIL D'ÉTAT, *Révision...*, 2018, p. 67.

de deux femmes qui désireraient avoir toutes les deux un lien biologique ou charnel avec l'enfant qui sera le leur. L'embryon humain issu de la fécondation *in vitro* (FIV) de l'ovocyte de l'une d'entre elles par le sperme d'un tiers-donneur anonyme serait implanté dans l'utérus de la conjointe qui assumerait la grossesse et donnerait naissance à l'enfant. Sera-t-il possible d'interdire cette modalité de FIV en invoquant le principe proposé par le Conseil d'État : « En toutes circonstances, devrait être retenue la technique la plus légère possible, c'est-à-dire l'IAD si elle est possible, le recours à la FIV devant être médicalement justifié par l'impossibilité de concevoir à l'aide d'une technique moins invasive[1]. » Comment introduire ici le critère médical alors qu'il a été effacé pour justifier l'« AMP pour toutes les femmes » ? D'autant plus que cette modalité de procréation pourrait être justifiée par le désir de créer un lien biologique et charnel, désir qui rend capable d'assumer la technique plus invasive de la FIV. L'argument du coût supplémentaire

1. Voir *Révision...*, 2018, p. 57.

n'est pas évoqué, mais sera-t-il un critère suffisant face à l'expression de ce désir ?

L'IMPOSSIBLE JUSTIFICATION PAR LE SEUL ARGUMENT DE L'ÉGALITÉ

48. L'invocation du seul argument de l'égalité ne peut justifier la demande de légalisation de l'« AMP pour toutes les femmes ». Le Haut Conseil à l'Égalité entre les femmes et les hommes, qui recommande l'extension de l'AMP aux couples de femmes et aux femmes seules, s'oppose pourtant à la gestation pour autrui (GPA) en invoquant l'argument de la dignité : « La PMA et la GPA ne sont pas comparables, puisque cette dernière contrevient aux principes fondamentaux de dignité de la personne humaine et de non-patrimonialité du corps humain[1]. » S'il est vrai que ces deux

1. HCEfh, Publication de l'Avis du CCNE : *La Nécessité d'ouvrir la PMA pour toutes les femmes réaffirmée*, Communiqué de presse du 27 juin 2017. Dans son étude *Contribution au débat sur l'accès à la PMA*, adoptée le 26 mai 2015, le HCEfh évoque une fois le concept de

techniques d'assistance à la procréation ne sont pas vraiment comparables, ce Haut Conseil admet cependant que l'égalité entre les femmes et les hommes ne s'applique pas nécessairement à la procréation au nom même de la dignité de la personne, en l'occurrence de la femme qui a dû porter l'enfant et dont la dignité est ainsi bafouée par la GPA.

49. Quant au Conseil d'État, il rappelle que l'altérité des sexes peut conduire à des traitements différenciés : « Le Conseil constitutionnel a admis néanmoins que les règles du droit de la famille fondent une différence de traitement sur une différence de situation liée à l'altérité des sexes. [...] Cela ne disqualifie pas pour autant leur projet parental, mais ces catégories de personnes [une personne seule, un couple homosexuel, un veuf ou une veuve] ne peuvent revendiquer un traitement analogue au nom du principe d'égalité ou de non-discrimina-

dignité, sans le définir, pour affirmer seulement ceci : « L'ouverture de la PMA à toutes les femmes n'entrave pas le principe fondamental de dignité de la personne humaine. » (p. 22)

tion[1]. » C'est d'ailleurs pourquoi le Conseil d'État estime que le *statu quo* de la loi est juridiquement envisageable. Dans ce contexte, l'argument d'égalité, invoqué pour justifier que le « projet parental » commande l'accès à l'« AMP pour toutes les femmes », est sollicité à tort.

50. Si l'argument d'égalité sert de justification à l'établissement d'une double généalogie maternelle, comment sera-t-il possible de refuser la GPA qui établira une double généalogie paternelle[2] ? Au nom de la seule dignité des femmes ? Comment intégrer alors la dignité des hommes ? L'argument de dignité, indissociable éthiquement et juridiquement des arguments de liberté et de fraternité, s'applique

1. CONSEIL D'ÉTAT, *Révision...*, 2018, p. 51.
2. Voir la réflexion du CONSEIL D'ÉTAT, *Révision...*, 2018, p. 41 : « La logique de non-discrimination bouscule la notion d'égalité telle qu'elle est traditionnellement appréhendée en droit public, en mettant en avant, par exemple, l'égal accès de tous à des techniques, quelles que soient les différences de situation. Elle alimente l'idée d'une extension quasi inéluctable de toute évolution. »

aussi bien à la femme qu'à l'homme, ainsi qu'à l'enfant mais de façon « primordiale » (voir *supra* § 33, n. 1).

LA PROFONDEUR D'UN REGARD SUR LA PERSONNE EN SOCIÉTÉ : DIGNITÉ ET FRATERNITÉ

51. Ces quelques arguments plaident pour ne pas institutionnaliser une nouvelle pratique qui apparaît contraire à la dignité et au bien de l'enfant. Elle entraînerait des conséquences graves relatives à la filiation, à la mission de la médecine et à l'établissement de priorités de santé inspirées par l'exigence de solidarité du soin.

52. Au temps de l'emprise croissante des techniques sur la vie humaine et des possibles dissociations qu'elles réalisent, l'unité de l'être humain est plus que jamais un critère éthique incontournable. Les techniques d'AMP opèrent

en effet des « disjonctions » entre les différentes dimensions physique, psychique, temporelle, sociale et spirituelle de l'être humain. Ces « disjonctions » ne sont pas seulement des « points de butée » de la réflexion, comme le reconnaît le Comité Consultatif National d'Éthique[1], mais des obstacles éthiques. L'extension de l'AMP pour les couples de femmes et les femmes seules ne manquera pas de les renforcer.

53. Considérer l'enfant comme le fruit de l'amour durable d'un homme et d'une femme n'est pas une simple option parmi d'autres, c'est la norme éthique fondamentale qui doit encore configurer cette forme première de l'hospitalité. En elle se conjuguent l'hospitalité conjugale, l'hospitalité maternelle, l'hospitalité parentale et l'hospitalité sociale. Sans méconnaître les difficultés concrètes et les aléas de la vie, nous estimons que le discernement éthique permet de poser que ce lien conjugal stable demeure le milieu optimal pour la procréation et l'accueil d'un enfant. En effet, ce lien offre la pleine

1. Voir *Avis n° 126...*, p. 8, 26-27.

capacité d'hospitalité et le plein respect de la dignité.

54. Ces réflexions éthiques sur l'AMP ne sont pas déconnectées des autres problématiques sociales et politiques. Les manières d'organiser les liens de la procréation humaine rejaillissent sur toutes les relations sociales. Le Comité Consultatif National d'Éthique le disait à sa manière en 2010 : « Le CCNE considère que notre respect pour le tout début de la vie humaine doit être le témoignage d'un engagement entier de tous pour le respect de chaque personne, enfant et adulte, avec le souci de prévenir et de réparer au mieux les tragédies de la vie dans lesquelles sont plongées tant d'enfants à leur naissance[1]. »

55. Le droit ne fait pas qu'arbitrer des conflits, il institue des relations entre les personnes. Ces relations instituées façonnent

---

1. CCNE, *Avis n° 112, Une réflexion éthique sur la recherche sur les cellules d'origine embryonnaire humaine, et la recherche sur l'embryon humain in vitro,* 21 octobre 2010, p. 58.

l'identité des personnes – enfants et adultes – et structurent leur solidarité. Elles se développent avec justice et justesse dans la mesure où le droit est guidé par une éthique de la dignité et de la fraternité. La fraternité est indissociable de la dignité : elle demande d'honorer la dignité des autres par la reconnaissance mutuelle et par la participation à la réflexion et à l'action, qui doivent, autant que possible, conditionner l'exercice de la solidarité[1]. Elle est blessée quand la solidarité de tous devant le soin est livrée à la seule autonomie des libertés individuelles. Elle est au contraire honorée quand elle sert de guide éthique pour l'élaboration juridique des relations entre les personnes, en prêtant d'abord attention aux plus vulnérables.

---

1. Voir la Déclaration universelle des droits de l'Homme de 1948 où l'affirmation de la liberté et de l'égalité en dignité et en droits est liée à un devoir de fraternité : « Article 1 : Tous les êtres humains naissent libres et égaux en dignité et en droits. Ils sont doués de raison et de conscience et doivent agir les uns envers les autres dans un esprit de fraternité. »

56. Par égard pour les plus vulnérables et par respect pour la dignité de tous, le droit ne doit pas contribuer à la marchandisation et à l'instrumentalisation de la procréation, mais traduire institutionnellement ces valeurs essentielles à la vie de l'humanité : la dignité, la liberté, l'égalité, l'hospitalité et la fraternité. En convoquant tous ensemble nos libertés à s'engager socialement et politiquement pour l'hospitalité à toutes les étapes de l'existence, nous honorons collectivement la dignité de tout être humain et nous développons la solidarité qui, tout à la fois, vient de la fraternité et la construit.

57. De façon générale, nous avons à penser et à réaliser le développement de notre société en utilisant les techniques biomédicales de façon juste et solidaire. Pour cela, nous devons continuer à réfléchir ensemble au sens de la personne et de notre existence collective dans notre « maison commune ». Partageant l'inquiétude générale sur l'avenir de cette « maison commune », le pape François nous invite à une démarche écologique où la manière de traiter la personne et la manière de traiter l'environne-

ment interagissent l'une sur l'autre, dans les domaines politiques, sociaux et juridiques[1].

58. Cette démarche intègre une réflexion sur les rapports entre liberté et technique, selon l'encouragement donné par le pape Benoît XVI : « La clef du développement, c'est une intelligence capable de penser la technique et de saisir le sens pleinement humain du "faire" de l'homme, sur l'horizon de sens de la personne prise dans la globalité de son être. [...] La technique attire fortement l'homme, parce qu'elle le soustrait aux limites physiques et qu'elle élargit son horizon. Mais la liberté humaine n'est vraiment elle-même que lorsqu'elle répond à la fascination de la technique par des décisions qui

1. Pape FRANÇOIS, encyclique *Laudato Si'*, 24 mai 2015, n° 91 et 155 : « Tout est lié. Il faut donc une préoccupation pour l'environnement unie à un amour sincère envers les êtres humains et à un engagement constant pour les problèmes de la société. [...] Une logique de domination sur son propre corps, devient une logique, parfois subtile, de domination sur la création. Apprendre à recevoir son propre corps, à en prendre soin et à en respecter les significations, est essentiel pour une vraie écologie humaine. »

sont le fruit de la responsabilité morale. Il en résulte qu'il est urgent de se former à la responsabilité éthique dans l'usage de la technique. Partant de la fascination qu'exerce la technique sur l'être humain, on doit retrouver le vrai sens de la liberté, qui ne réside pas dans l'ivresse d'une autonomie totale, mais dans la réponse à l'appel de l'être, en commençant par l'être que nous sommes nous-mêmes[1]. »

59. Nous pouvons résister collectivement à la fascination des techniques – et à la fascination du marché qui s'en empare – en cultivant l'attention au mystère de la personne et à sa transcendance. N'est-ce pas la perception intuitive de ce mystère qui, dans les yeux des parents regardant avec amour leur enfant, éveille la joie, la gratitude, la sollicitude ainsi qu'une sorte de respect sacré devant ce don qui les dépasse ? Cette qualité du regard, qui discerne la beauté et qui voit avec le cœur, est un appel pour tous. Sans elle, les débats de bioéthique

---

1. BENOÎT XVI, Encyclique *Caritas in veritate*, 29 juin 2009, nº 70.

risquent de se réduire à des discussions techniques et financières, qui ne parviennent pas à s'ancrer dans la profondeur du mystère de la personne et de sa dignité. Les défis éthiques actuels nous invitent tous, plus que jamais, à cette forme de considération et de contemplation.

60. Celles-ci s'affinent notamment dans le dialogue où les regards se croisent et s'enrichissent patiemment. Nous plaidons donc à nouveau pour le « dialogue » grâce auquel « chacun, avec la cordialité de son cœur et la richesse de son expérience, s'engage à servir une vérité qui le dépasse comme elle dépasse chacun des interlocuteurs [1] ».

---

1. Mgr P. d'Ornellas (dir.), *Bioéthique. Questions pour un discernement*, p. 11.

Liste des signataires

Mgr Marc Aillet, Évêque de Bayonne, Lescar et Oloron; Mgr Bernard-Nicolas Aubertin, Archevêque de Tours; Mgr Gilbert Aubry, Évêque de Saint-Denis de La Réunion; Mgr Éric Aumonier, Évêque de Versailles; Mgr Michel Aupetit, Archevêque de Paris; Mgr Jean-Marc Aveline, Évêque auxiliaire de Marseille; Mgr Philippe Ballot, Archevêque de Chambéry, évêque de Maurienne et Tarentaise; Mgr Jean-Louis Balsa, Évêque de Viviers; Le cardinal Philippe Barbarin, Archevêque de Lyon; Mgr Sylvain Bataille, Évêque de Saint-Étienne; Mgr Jean-Pierre Batut, Évêque de Blois; Mgr Jérôme Beau, Archevêque nommé de Bourges; Mgr Jacques Benoit-Gonnin, Évêque de Beauvais, Noyon et Senlis; Mgr Didier Berthet, Évêque de Saint-Dié; Mgr Francis Bestion, Évêque de Tulle; Mgr Dominique Blanchet, Évêque de Belfort-Montbéliard; Mgr Jacques Blaquart, Évêque d'Orléans; Mgr Yves Boivineau, Évêque d'Annecy ; Mgr Jean-Luc BOUILLERET, Archevêque de Besançon ; Mgr Jean-Claude BOULANGER, Évêque de Bayeux-Lisieux ; Mgr Pierre-Antoine BOZO, Évêque de Limoges ; Mgr Thierry BRAC DE LA PERRIÈRE, Évêque de Nevers ; Mgr Nicolas BROUWET, Évêque de Tarbes et Lourdes ; Mgr Jean-Luc BRUNIN, Évêque du Havre ; Mgr Michel-Marie CALVET, Archevêque de Nouméa ; Mgr Laurent CAMIADE, Évêque de Cahors ; Mgr Pierre-Marie CARRÉ, Archevêque de Montpellier ; Mgr Jean-Pierre CATTENOZ, Archevêque d'Avignon ; Mgr Raymond CENTÈNE, Évêque de Vannes ; Mgr Pascal CHANG-SOI, Évêque de Taiohae ; Mgr Philippe CHRISTORY, Évêque de Chartres ; Mgr Georges COLOMB, Évêque de La Rochelle et Saintes ; Mgr Jean-Pierre COTTANCEAU, Archevêque de Papeete ; Mgr Luc CREPY, Évêque du Puy-en-Velay ; Mgr Pascal DELANNOY, Évêque de Saint-Denis ; Mgr Emmanuel DELMAS, Évêque d'Angers ; Mgr Renauld DE DINECHIN, Évêque de Soissons, Laon et Saint-Quentin ; Mgr Laurent DOGNIN, Évêque de Quimper et Léon ; Mgr Vincent DOLLMANN, Archevêque de Cambrai ; Mgr Christophe DUFOUR, Archevêque d'Aix-en-Provence et Arles ; P. François Durand, Administrateur diocésain de Mende ; Mgr Jean-Marc EYCHENNE, Évêque de Pamiers, Couserans et Mirepoix ; Mgr Bruno FEILLET, Administrateur diocésain de Reims ; Mgr François FONLUPT, Évêque de Rodez et Vabres ; Mgr Maurice GARDÈS, Archevêque d'Auch ; Mgr Maroun Nasser GEMAYEL, Évêque de l'Éparchie de Notre-Dame-du-Liban de Paris des Maronites de France ; Mgr Olivier DE GERMAY, Évêque d'Ajaccio ; Mgr Bernard GINOUX, Évêque de Montauban ; Mgr Hervé GIRAUD, Archevêque de Sens-Auxerre et Prélat de la Mission de France ; Mgr Emmanuel GOBILLIARD, Évêque auxiliaire de Lyon ; Mgr Hervé GOSSELIN, Évêque d'Angoulême ; Mgr Bruno GRUA, Évêque de Saint-Flour ; Mgr Borys GUDZIAK, Évêque de l'Éparchie Saint-Vladimir-le-Grand pour les Ukrainiens de rite byzantin de France ; Mgr Jean-Paul GUSCHING, Évêque de Verdun ; Mgr Jacques HABERT, Évêque de Séez ; Mgr Hubert HERBRETEAU, Évêque d'Agen ; Mgr Antoine HÉROUARD, Évêque auxiliaire de

Lille ; Mgr Denis JACHIET, Évêque auxiliaire de Paris ; Mgr François JACOLIN, Évêque de Luçon ; Mgr Jean-Paul JAEGER, Évêque d'Arras ; Mgr Jean-Paul JAMES, Évêque de Nantes ; Mgr Vincent JORDY, Évêque de Saint-Claude ; Mgr François KALIST, Archevêque de Clermont ; Mgr Guy DE KERIMEL, Évêque de Grenoble-Vienne ; Mgr Christian KRATZ, Évêque auxiliaire de Strasbourg ; Mgr Bertrand LACOMBE, Évêque auxiliaire de Bordeaux ; Mgr Emmanuel LAFONT, Évêque de Cayenne ; Mgr Jean-Christophe LAGLEIZE, Évêque de Metz ; Mgr Stanislas LALANNE, Évêque de Pontoise ; Mgr Laurent LE BOULC'H, Évêque de Coutances et Avranches ; Mgr Patrick LE GAL, Évêque auxiliaire de Lyon ; Mgr Robert LE GALL, Archevêque de Toulouse ; Mgr Yves LE SAUX, Évêque du Mans ; Mgr Jean-Marie LE VERT, Évêque auxiliaire de Bordeaux ; Mgr Olivier LEBORGNE, Évêque d'Amiens ; Mgr Dominique LEBRUN, Archevêque de Rouen ; Mgr Jean LEGREZ, Archevêque d'Albi ; Mgr David MACAIRE, Archevêque de Fort-de-France ; Mgr Charles MAHUZA YAVA, Vicaire apostolique de l'archipel des Comores ; Mgr Xavier MALLE, Évêque de Gap et Embrun ; Mgr André MARCEAU, Évêque de Nice ; Mgr Joseph DE METZ-NOBLAT, Évêque de Langres ; Mgr Pierre-Yves MICHEL, Évêque de Valence ; Mgr Roland MINNERATH, Archevêque de Dijon ; Mgr Éric DE MOULINS-BEAUFORT, Archevêque nommé de Reims ; Mgr Philippe MOUSSET, Évêque de Périgueux et Sarlat ; Mgr Denis MOUTEL, Évêque de Saint-Brieuc et Tréguier ; Mgr Jean-Yves NAHMIAS, Évêque de Meaux ; Mgr Jean-Philippe NAULT, Évêque de Digne, Riez et Sisteron ; Mgr Christian NOURRICHARD, Évêque d'Évreux ; Mgr Pierre D'ORNELLAS, Archevêque de Rennes, Dol et Saint-Malo ; Mgr Michel PANSARD, Évêque d'Évry-Corbeil-Essonnes ; Mgr Jean-Louis PAPIN, Évêque de Nancy et Toul ; Mgr Laurent PERCEROU, Évêque de Moulins ; Mgr Alain PLANET, Évêque de Carcassonne et Narbonne ; Mgr Georges PONTIER, Archevêque de Marseille ; Mgr Ghislain DE RASILLY, Évêque de Wallis et Futuna ; Mgr Luc RAVEL, Archevêque de Strasbourg ; Mgr Dominique REY,

Évêque de Fréjus-Toulon ; Le cardinal Jean-Pierre RICARD, Archevêque de Bordeaux et évêque de Bazas ; Mgr Jean-Yves RIOCREUX, Évêque de Basse-Terre et Pointe-à-Pitre ; Mgr Benoît RIVIÈRE, Évêque d'Autun, Chalon et Mâcon ; Mgr Pascal ROLAND, Évêque de Belley-Ars ; Mgr Antoine DE ROMANET DE BEAUNE, Évêque du diocèse aux Armées ; Mgr Matthieu ROUGÉ, Évêque de Nanterre ; Mgr Michel SANTIER, Évêque de Créteil ; Mgr Thierry SCHERRER, Évêque de Laval ; Mgr Nicolas SOUCHU, Évêque d'Aire et Dax ; Mgr Marc STENGER, Évêque de Troyes ; Mgr Jean TEYROUZ, administrateur de l'éparchie de Sainte-Croix de Paris des Arméniens ; Mgr François TOUVET, Évêque de Châlons ; Mgr Norbert TURINI, Évêque de Perpignan-Elne ; Mgr Laurent ULRICH, Archevêque de Lille ; Mgr Thibault VERNY, Évêque auxiliaire de Paris ; Mgr Robert WATTEBLED, Évêque de Nîmes, Uzès et Alès ; Mgr Pascal WINTZER, Archevêque de Poitiers.

LA DIGNITÉ DE LA PROCRÉATION

Synthèse de la Déclaration

Donner la vie à un enfant est une expérience des plus fortes, une source d'émerveillement des plus profondes, une responsabilité des plus grandes. Les traditions bibliques considèrent l'enfant comme un don et une bénédiction de Dieu. Aussi, l'Église catholique se veut attentive au désir d'enfant et à la souffrance due à l'infertilité. Elle encourage les recherches qui visent à prévenir cette infertilité ou à la guérir. Elle insiste sur l'accueil et le respect bienveillants dus aux enfants, quels que soient les moyens utilisés pour leur venue au monde.

À l'occasion de la révision des lois relatives à la bioéthique, des projets d'accès aux techniques d'assistance médicale à la procréation (AMP) pour des couples de femmes ou pour des femmes seules ont été formulés et mis en débat. En tant qu'évêques de France, à l'écoute respectueuse des personnes et de leurs situations de vie, nous souhaitons apporter notre contribution à ces débats en proposant un discernement éthique posé en raison. Nous le faisons dans un esprit de dialogue où sont présentés les arguments.

Valeur et norme fondamentales de la procréation

La dignité de la personne inclut la procréation

Le Conseil d'État a rappelé que la « dignité » est placée « au frontispice » du cadre juridique de la bioéthique française et qu'elle a une « valeur constitutionnelle ». Il a souligné également qu'« une conception particulière du corps humain » en « découle » et que « l'enveloppe charnelle est indissociable de la personne ». La dignité de la personne inclut donc le processus de la procréation – conception et gestation – où se développe notamment son corps.

La procréation ne doit s'apparenter ni à une fabrication, ni à une marchandisation, ni à une instrumentalisation

Puisque toute personne, quelle qu'elle soit, a une dignité, elle doit être traitée comme une fin et jamais comme un simple moyen. Procréer, c'est désirer faire advenir une personne en la voulant pour elle-même. Aucune souffrance relative au désir d'enfant ne peut donc légitimer des procédés de fécondation et des modalités de grossesse qui s'apparenteraient à une fabrication, une marchandisation ou une instrumentalisation d'un être humain au service d'autres êtres humains, ou encore au service de la science ou de la société.

La souffrance liée au désir d'enfant doit être accompagnée

La souffrance liée au désir d'enfant ne peut être ni minimisée ni abordée par le seul remède de la technique. Nous souhaitons le développement d'un accompagnement qui soit respectueux des personnes concernées, qui sache les informer loyalement pour que leurs décisions soient prises en conscience, de façon éclairée, et qui porte le souci de la dignité de la procréation.

PRINCIPAUX PROBLÈMES ÉTHIQUES LIÉS AUX PRATIQUES ACTUELLES DE L'AMP

La loi actuelle encadre les techniques d'AMP en cherchant à calquer les structures fondamentales de la procréation naturelle, en particulier la double lignée paternelle et maternelle. C'est tout l'intérêt du modèle bioéthique français. Cependant, la mise en œuvre de ces techniques pose des problèmes éthiques dont la gravité diffère en fonction des types de dissociation qu'elles opèrent : corporelle (fécondation hors corps), temporelle (congélation des embryons) et personnelle (intervention d'un tiers-donneur). Les trois principaux problèmes éthiques sont les suivants :

Le devenir des embryons humains « surnuméraires »

Le devenir des embryons humains « surnuméraires » est soumis à l'appréciation des conjoints. Selon leur « projet parental », ils sont implantés pour devenir des enfants, ou détruits, ou remis à la recherche, ou encore donnés pour être accueillis par un autre couple. Pouvant tous conduire à une naissance, ces embryons sont pourtant dignes du même respect.

Le recours à un tiers-donneur

Par le recours, dans certains cas, à un tiers-donneur de gamètes, l'enfant n'est plus le fruit du lien conjugal et de la donation conjugale. Le recours à un tiers-donneur porte également atteinte à la filiation puisque l'enfant est référé à un tiers dont le droit institutionnalise l'absence par la règle de l'anonymat et prive ainsi l'enfant de l'accès à ses « origines ».

Le développement de l'eugénisme libéral

L'extension des techniques de diagnostic, qui permettent de sélectionner les embryons humains *in vivo* (diagnostic prénatal [DPN]) ou *in vitro* (diagnostic préimplantatoire [DPI]), conduit au développement de l'eugénisme dit « libéral » parce qu'il résulte de la conjonction de décisions individuelles et non pas d'une décision d'État.

Principales difficultés éthiques du projet d'« AMP pour toutes les femmes »

Le projet d'ouverture de l'AMP aux couples de femmes et aux femmes seules écarte dès le principe la référence biologique et sociale à un père. La mise en œuvre de ce projet doit s'affronter à cinq obstacles éthiques majeurs :

« L'intérêt supérieur de l'enfant » exige une référence paternelle

Puisque l'enfant doit être voulu pour lui-même, le bien de l'enfant devrait prévaloir sur celui des adultes. Le droit international semble le ratifier en consacrant la notion juridique d'« intérêt supérieur de l'enfant » dont la « primauté » est, pour le Conseil d'État, « incontestable ». Comment pourrions-nous nous contenter collectivement de l'instauration d'une sorte d'« équilibre » entre cet intérêt de l'enfant et celui des adultes ?

La suppression juridique de la généalogie paternelle porterait atteinte au bien de l'enfant qui serait privé de sa référence à une double filiation, quelles que soient ses capacités psychiques d'adaptation. Cette exigence de la référence à un père est confirmée par les citoyens qui se sont exprimés lors des États généraux de la bioéthique et dans deux sondages posant explicitement la question du père. La suppression juridique du père encouragerait socialement la diminution, voire l'éviction, des responsabilités du père. Une telle dérive poserait non seulement un problème anthropologique mais aussi psychologique et social. Pourrions-nous accepter collectivement que l'homme soit considéré comme un simple fournisseur de matériaux génétiques et que la procréation humaine s'apparente ainsi à une fabrication ?

Le maintien du principe de l'anonymat du tiers-donneur empêcherait les enfants et les adultes en souffrance d'accéder à leur « origine masculine », alors même que la légitimité d'un droit à connaître ses « origines » progresse dans la société. En minimisant ainsi l'intérêt des enfants, voire en l'occultant, un pouvoir injuste serait exercé sur eux. Devons-nous accepter cette injustice ?

Enfin, l'ouverture de l'AMP aux femmes seules impliquerait, selon le principe de non-discrimination, l'autorisation de l'AMP *post-mortem* au profit d'une femme seule en raison du décès de son conjoint. Est-ce l'intérêt de l'enfant d'être engendré orphelin de père et dans un tel contexte de deuil ?

Le risque de marchandisation

Une demande croissante de sperme serait induite par l'ouverture de l'« AMP pour toutes les femmes ». Il n'est pas certain qu'une telle ouverture susciterait plus de dons. Le contraire est sans doute plus probable si le principe de l'anonymat était partiellement levé. Pour remédier à la pénurie prévisible, la tentation serait de rémunérer les donneurs, voire de charger l'État d'importer du sperme. Accepterions-nous collectivement que ce commerce ruine le principe de gratuité des éléments du corps humain et tende ainsi à ranger la personne du côté des biens marchands ?

Le principe de gratuité est essentiel pour traduire juridiquement que ni la personne ni aucun de ses éléments corporels ne sont assimilables à des choses. L'extension de l'« AMP pour toutes les femmes » ferait donc, selon le Comité Consultatif National d'Éthique (CCNE), « courir le risque d'une déstabilisation de tout le système bioéthique français ». Puisqu'il y a, selon le CCNE, un consensus général sur le maintien de ce principe en raison de la dignité de la personne en son corps, il devrait être plus facile de renoncer collectivement à cette extension légale de l'AMP.

L'impact de la transformation de la mission de la médecine

La légalisation de l'« AMP pour toutes les femmes » contribuerait à transformer le rôle de la médecine en y intégrant la prise en compte des demandes sociétales. Comment établir les priorités de soin et de son financement si le critère n'est plus celui de la pathologie médicale ? Sans ce critère objectif, comment fonder la justice relative à la solidarité et à l'égalité de tous devant le soin ? Comment réguler les désirs insatisfaits qui convoqueront la médecine ? Comment évoluera la relation au médecin qui risquera de devenir un prestataire de services ?

Des conséquences prévisibles de la prépondérance du « projet parental »

L'ouverture de l'« AMP pour toutes les femmes » serait fondée sur le « projet parental » qui deviendrait le critère supérieur de régulation des techniques d'AMP. Il donne un poids prépondérant à la volonté individuelle au détriment d'une référence à la dignité de la procréation et à l'intérêt de l'enfant. Comment pourrait-on réguler le pouvoir de ce « projet parental » ? Que deviendrait la possible évaluation actuelle par le médecin de « l'intérêt de l'enfant à naître » pour accéder à l'AMP ? Si, comme l'imagine le Conseil d'État, deux femmes font une déclaration anticipée de filiation devant un notaire, quels seraient pour lui les critères d'évaluation de « l'intérêt de l'enfant à naître » ?

La seule référence au « projet parental », c'est-à-dire aux volontés individuelles, conduirait également à supprimer la règle juridique actuelle empêchant le double don (spermatozoïdes et ovocytes). Il n'y aurait plus aucun lien biologique de l'enfant avec ses parents, tout en étant conçu selon leur projet.

L'impossible justification par le seul argument de l'égalité

Le seul argument de l'égalité pour justifier la légalisation de l'« AMP pour toutes les femmes » est utilisé à tort, comme le reconnaît le Conseil d'État. En effet, l'égalité juridique ne se justifie que pour des situations semblables. Or l'infertilité du couple homme-femme est une situation non identique à celle d'un couple de femmes dont la relation ne peut être féconde. Si l'argument d'égalité est brandi au bénéfice des femmes, alors l'ouverture de l'« AMP pour toutes les femmes » conduira à la légalisation de la gestation pour autrui (GPA), même si celle-ci fait l'objet, pour l'instant, d'une large réprobation éthique. En effet, la référence à l'égalité, indissociable de la dignité, s'applique tout autant aux femmes qu'aux hommes.

*

Considérer l'enfant comme le fruit de l'amour durable d'un homme et d'une femme n'est pas devenu une option ; cela reste la norme éthique fondamentale qui doit encore configurer cette forme première de l'hospitalité qu'est la procréation. Sans nier ses difficultés, le lien conjugal stable demeure le milieu optimal pour la procréation et l'accueil d'un enfant. En effet, ce lien offre la pleine capacité d'hospitalité et le plein respect de la dignité des personnes, enfants et adultes.

Ces réflexions éthiques sur l'AMP ne sont pas déconnectées des autres problématiques sociales et politiques. Les manières d'organiser les liens de la procréation humaine rejaillissent sur toutes les relations sociales et politiques. Le droit ne fait pas qu'arbitrer des conflits, il institue des relations entre les personnes. Ces relations façonnent leur identité et doivent structurer les exigences propres à la fraternité. L'éthique relie indissociablement la dignité, source de droits, et la fraternité, source de reconnaissance mutuelle et de devoirs qui nous engagent tous à participer à la vie sociale et politique. Par égard pour la dignité des personnes et de la procréation, le droit ne peut pas contribuer à la marchandisation et à l'instrumentalisation de la procréation. Cela serait gravement contraire aux valeurs essentielles pour la vie de l'humanité et pour les relations tissées entre les êtres humains : la dignité, la liberté, l'égalité, l'hospitalité et la fraternité.

Il importe plus que jamais d'aborder l'ensemble des questions d'éthique biomédicale dans le cadre plus large d'une réflexion écologique qui relie la préoccupation des personnes à celle de l'environnement. Nous pouvons résister collectivement à la fascination des techniques et du marché qui s'en empare, en cultivant l'attention au mystère de la personne et à sa transcendance. N'est-ce pas la perception intuitive de ce mystère qui, dans les yeux des parents regardant avec amour leur enfant, éveille la joie, la gratitude, la sollicitude et une sorte de respect sacré devant ce qui les dépasse ?

Cette qualité du regard est un appel pour tous. Sans elle, les débats de bioéthique risquent de se réduire à des discussions techniques et financières, qui ne parviennent pas à s'ancrer dans la profondeur du mystère de la personne et de sa dignité. Les défis éthiques actuels nous invitent tous de façon instante à cette forme de considération et de contemplation qui s'affinent aussi dans le dialogue. Nous plaidons donc à nouveau pour le dialogue grâce auquel chacun s'engage à servir une vérité qui le dépasse comme elle dépasse chacun des interlocuteurs.

Table des matières

I

VALEUR ET NORME FONDAMENTALES DE LA PROCRÉATION

II

PRINCIPAUX PROBLÈMES ÉTHIQUES DANS LES PRATIQUES ACTUELLES DE L'AMP

III

PRINCIPALES DIFFICULTÉS ÉTHIQUES DU PROJET D'« AMP POUR TOUTES LES FEMMES »

Composition : Le vent se lève...

Achevé d'imprimer en septembre 2018
dans les ateliers de Normandie Roto Impression s.a.s.
61250 Lonrai
N° d'impression : 1803882
Dépôt légal : septembre 2018

Imprimé en France